AF507057

Luis Carrillo y Sotomayor

Sonetos

Edición de Ramón García González

Barcelona **2023**

Linkgua-ediciones.com

Créditos

Título original: Sonetos.

© 2023, Red ediciones S.L.

e-mail: info@linkgua.com

Diseño de cubierta: Michel Mallard.

ISBN rústica: 9788490076453.
ISBN ebook: 9788490076460.

Cualquier forma de reproducción, distribución, comunicación pública o transformación de esta obra solo puede ser realizada con la autorización de sus titulares, salvo excepción prevista por la ley. Diríjase a CEDRO (Centro Español de Derechos Reprográficos, www.cedro.org) si necesita fotocopiar o escanear algún fragmento de esta obra.

Sumario

Brevísima presentación

La vida

Luis Carrillo y Sotomayor (1585-1610). España.

De familia noble, era hijo de Fernando Carrillo y de Francisca Valenzuela y Faxardo. Estudió en Salamanca antes de iniciar la carrera militar en la Marina.

Fue caballero de la Orden de Santiago y comendador de la Fuente del Maestre. La poesía de Carrillo fue antologada por su hermano Alonso en *Obras de don Luis Carrillo y Sotomayor*, Madrid, 1611.

El conceptismo y el culteranismo tienen en Luis Carrillo un precedente de referencia.

Sonetos

I. Al ejemplo de cosas que fueron y se acabaron

El imperioso brazo y dueño airado
el que Pegaso fue sufre paciente;
tiembla a la voz medroso y obediente;
sayal le viste el cuello ya humillado.

El pecho anciano de la edad arado,   5
que amenazó desprecio al oro, siente,
humilde ya, que el cáñamo le afrente,
humilde ya, le afrente el tosco arado.

Cuando ardiente pasaba la carrera,
sólo su largo aliento le seguía;   10
ya el flaco brazo al suelo apenas clava.

¿A qué verdad temió su edad primera?
Llegó, pues, de su ser el postrer día:
que el cano tiempo en fin todo lo acaba.

II. A un chopo, semejante en desgracia a su amor

Remataba en los cielos su belleza,
alivio, a un alto chopo, a un verde prado,
amante de una vid, y de ella amado,
que amor halló aposento en su dureza.

Soberbia, exenta altiva su cabeza   5
era lengua de céfiro enojado;
del verde campo rey, pues coronado
daba leyes de amor en su corteza.

Le robó su corona, airado, el viento;
sintió tanto su mal, que fue tornada   10
en verde oscura su esperanza verde.

Yo, sin los lazos de mi Celia amada,
¿qué mucho a mal me traiga un pensamiento,
si un árbol me dio Amor que me lo acuerde?

¡Con qué ligeros pasos vas corriendo!
ioh cómo te me ausentas, tiempo vano!
iay, de mi bien, y de mi ser tirano!
¿cómo tu altivo brazo voy siguiendo?

Detenerte pensé, pasaste huyendo,   5
te seguí, y ausentástete liviano,
te gasté a ti en buscarte, ioh, inhumano!
Mientras más te busque, te fui perdiendo.

Ya conozco tu furia, ya humillado,
de tu guadaña pueblo los despojos;   10
ioh, amargo desengaño no admitido!

Ciego viví, y al fin, desengañado,
hecho Argos de mi mal, con tristes ojos,
huir te veo, y véote perdido.

IV. No sólo envidia al suelo, no envidiada

No sólo envidia al suelo, no envidiada
sólo en tu altiva frente de una estrella,
era ioh, gallarda torre, cuan bella
temida, y cuan temida respetada!

Ya ¿qué no allana el tiempo?, derribada,   5
creces llanto a Sagunto; niega vella
la hiedra, huésped que se abraza en ella,
o ella se esconde en ella, de afrentada.

No le prestó su fe su fortaleza.
Mas ¿qué homenaje deja el tiempo duro   10
que en brazos de sus alas no dé al viento?

No hay bronce que a su fuerza esté seguro.
Tú, triste, eternidad, valor, firmeza
buscas, no a bronce o torre: a un pensamiento.

V. Pues servís a un perdido

Pues servís a un perdido, y tan perdidos,
dejadme, pensamientos desdichados,
basten los pasos por mi mal andados,
basten los pasos por mi mal perdidos.

¿Qué osados me queréis? ¿A dó, atrevidos,   5
montes altos ponéis de mis cuidados?
Mirad vuestros iguales fulminados,
mirad los robles de su piel vestidos.

Dan vida a mi mediano pensamiento
el ver un pino y una fuente clara   10
en esta soledad, que el alma adora.

El árbol tiembla al proceloso viento,
corrida el agua de humildad, no para,
que el alto teme y el humilde llora.

VI. Al taparse y destaparse de una dama

Me miraste, vi el Sol, y en bellos lazos
ciño -dulce ceñir- mi rostro y frente.
Hízose ocaso su divino Oriente;
tomó la noche el hemisferio en brazos.

Temí -bien pude-, ¡oh Lisi!, sus abrazos,　　　　5
lo dirá bien quien de mis males siente;
lloré -y amargo fue-, como ausente,
robos del alma en sus oscuros brazos.

Rompí el silencio de su tez oscura,
con desiguales quejas, y a mi llanto　　　　10
mostró, ¡oh Lisi!, tu Sol su frente pura.

Dio nuevas de ella al alma alegre canto:
tal puede en mí tu Sol, tal tu hermosura;
tal el no verte, Lisi, el verte, tanto.

VII. A un olmo, consolando su mal

Enojo un tiempo fue tu cuello alzado,
a la patria del Euro proceloso:
era tu verde tronco y cuello hojoso,
dosel al ancho Betis, sombra al prado.

Ya que la edad te humilla, derribado,   5
gimes del tiempo agravios; ya, lloroso,
tu ausencia llora el río caudaloso,
tu falta siente y llora el verde prado.

Envidia al alto cielo fue tu altura:
cual tú me abraza el suelo, derribado,   10
imagen tuya al fin, ioh tronco hermoso!

Tu mal llora del Betis la agua pura;
y quien llore mi mal nunca se ha hallado:
iqué aun en esto me falta el ser dichoso!

VIII. A las penas del amor inmortales

Hambriento desear, dulce apetito,
hambriento apetecer, dulce deseo,
detened el rigor, ¡ay!, ya, pues veo
mi negro día en vuestro enojo escrito.

Mientras con más calor os solicito   5
vuestro ardiente querer, mi dulce empleo,
por más que el bien a vuestro bien rodeo,
huye el remedio término infinito.

Sin duda moriré, pues que mis bienes
alimentan hambrientos a mis males: 10
tú, dulce apetecer, la culpa tienes.

Muriendo, de sus penas desiguales,
pecho, será imposible te enajenes:
hijos del alma son, son inmortales.

IX. Hablando un ausente a la fuente

Lloras, oh solitario, y solamente
tu llanto te acompaña, que, lloroso,
el eco usurpa de este valle umbroso
y el triste oficio de esta dulce fuente.

¡Ay, cómo en escucharte alivio siente   5
mi pecho, en sus diluvios caudaloso!
A no ser natural tu son quejoso,
mereciera una ausencia tu corriente.

Lloremos juntos, pues, y dure tanto
que al brío de esta fuente presurosa   10
le dilate sus términos el llanto.

Mas vencerá mi ausencia querellosa,
pues de una ausente ingrata el dulce encanto
es causa a más efectos poderosa.

X. A una ausencia, partiéndose en galeras

Usurpa ufano ya el tirano viento
a las velas los senos extendidos.
¡Adiós, playas, ya os pierdo! ¡Adiós, erguidos
montes a quien venció mi pensamiento!

Ya es mar también el uno y el otro asiento   5
en mis ojos, de lágrimas ceñidos,
por perderos, oh montes, más perdidos:
tal pierdo, triste tal, así tal siento.

Ya esconde el ancho mar, en sí orgulloso,
las frentes de los cerros levantados,   10
en sus soberbias olas caudaloso.

Así divide ausencia mis cuidados;
mas no podrá jamás, oh dueño hermoso,
de ti, mis pensamientos abrasados.

XI. A los despojos del rayo de Júpiter

Viste de ejemplo el tronco y de fiereza,
este que ves Centímano arrogante,
aun muerto, dura en el feroz semblante
el ánimo que opuso a tanta alteza.

Parias en humildad da a la grandeza   5
del siempre vencedor Altitonante;
tal el árbol humilde el arrogante
rostro humilla, humillando su cabeza.

Señales mira en él del rayo ardiente,
de Júpiter, respeta los despojos   10
ioh tú!, que admiras, triste, esta memoria.

Frescas aún viven en la altiva frente,
toma en ella consejo, abre los ojos,
y vete, que harto debes a su historia.

XII. Al cuidado de la memoria del amor

Mientras que bebe el regalado aliento
de tu divina boca, ¡oh Laura mía!;
mientras asiste al sol que roba al día,
por más hermosa luz, luz y contento,

tu dueño; o ya repose -¡oh blando asiento!-   5
su cuello en ése que a la nieve fría
prestar color, prestar beldad podría,
¡vuelve, sino la vista al pensamiento!

¡Ay, si acaso, ay de mí, lucha amorosa
la lengua oprime! ¡Oh bien dichoso amante,   10
si no más, si oprimiere desdeñosa!

No olvides a tu ausente, a tu constante:
que es ave el pensamiento, ¡oh Laura hermosa!
y llegará a tu Fabio en un instante.

Cuando me vuelvo a mí, y el dulce engaño,
que en deleznables lazos busco y sigo,
conozco al alma, aunque tirano amigo,
por corto tengo el mal, por corto el daño.

Mas cuando no, con el dolor tamaño
que el alma abraza, querelloso digo:
«¡Ciega mi enfermedad, duro enemigo!
¡Oh Amor, tal eres en tu enojo extraño!»

Cruel estrella se entregó a mi suerte,
pues de ciegos recelos oprimida,
desconociendo el bien, el mal advierte.

Mas sólo alienta en mí tan honda herida,
el ver que el tiempo, si me da la muerte,
el mismo tiempo me ha de dar la vida.

XIV. A la sentencia que dieron a Sansón los jueces

Verse duda Sansón, y duda el lazo
lo que él; duda Sansón, duda y procura
hurtarse fuerte en vano a la atadura,
ella tiembla temor y fuerza el brazo.

Aquel valiente, aquel que de un abrazo   5
puso puertas a un monte y su espesura,
flaca para él, un tiempo, ligadura
es a su libertad fuerte embarazo.

Llega el fiero juez, condena a muerte
los ojos. Y él, risueño y sosegado,   10
dijo (más que su fuerte brazo, fuerte):

«Si tres veces de Dalila burlado
sus engaños no vi, juez, advierte
que ya de ellos estaba despojado».

De Flori tierna flor, coroné el suelo,
cual de gloria la frente de un Albano.
Albano gime, Flori llora en vano.
¡Ay, cuánto ríe aquesto el alto cielo!

De larga envidia mi purpúreo velo   5
colmó la presunción de algún verano.
Pues Diciembre me vio, mas inhumano,
como era tierna flor, me robó el hielo.

Vaso lloroso, oh caminante, encierra
-y bien lloroso, pues lo ha sido tanto-   10
de mi caduca flor, caduca tierra.

Blandas palabras di, sosiega el llanto;
así tu juventud burle la guerra
de aquel ladrón de su florido manto.

XVI. A la fama de un varón ilustre

Mayor la altiva frente que el olvido
(por más que, anciano, de su ser presuma),
envidia sola a la arrogante pluma
del cano volador nunca vencido,

hoy de él la frente alzáis, hoy atrevido,   5
pisáis, cual bajel suele blanca espuma,
de la amarilla envidia, aunque presuma
más su amargo ladrar, su cuello erguido.

Desde hoy, mientras viviere el arrogante
Tajo en su roja arena, el mar de España,   10
y del gran Betis las corrientes frías,

en nombre creceréis, y en cuanto baña
Tetis y alcanza con su frente Atlante:
envidia de años y caducos días.

Las honras, la osadía del Verano,
con que se ennobleció y atrevió al cielo,
al mejor cielo del más fértil suelo
hoy las trasladas mi atrevida mano.

Parece es por demás al que es tirano,   5
de cuanto presunción honra su vuelo,
dar flores, si tus flores son recelo
a las del cielo, rostro soberano.

Dallas es por demás, si estás segura
envidian de tu rostro las más bellas   10
partes (y partes no, por no atreverse).

¡Ay, cuales, Celia, son! da vida el vellas.
Flor eres; mientras flor, de tu hermosura
coge la flor, que es flor, y ha de perderse.

XVIII. Persuadiéndole a su humildad al Betis

No luches con los remos, no arrogante
opongas tu cristal, ioh Betis claro!
Allana el verde cuello, ioh dulce amparo
en puerto a nave, en sombra al caminante!

Así tu hermosa frente el que el Levante   5
mide -pródigo en alma, en oro avaro-
ciña ya de coral, ya del más claro
aljófar vista el cuello rutilante.

Deja el grueso tridente, y con la mano
ayuda, ioh Rey!, la quilla, no la iguale   10
flecha que tarda deje el aire vano.

Mas si tu gusto a mi rogar no sale
su acento escucha, río más que cano,
valdrá contigo, pues con mares vale.

Blandamente en los mármoles reposa
quien ves, ¡oh caminante!, adormecido,
no muerto, que la muerte no ha podido
en él, bien que soberbia y poderosa.

No pidas triste, no, con voz llorosa,   5
poco peso a la tierra, la ha vestido
cual fuerte vencedor, cual de vencido
despojo; antes le es carga victoriosa.

Si llorares su muerte, no, que al cielo
vencedor vive; mil desdichas siente   10
en ésta, en nombre tuyo y de la tierra.

Haz compañía en esto, triste, al suelo,
y luego de tus ojos la corriente
trueca, en respeto al mármol que lo encierra.

XX. A la suerte de los celos de su amor

Lava el soberbio mar del sordo cielo
la ciega frente, cuando airado gime
agravios largos del bajel que oprime,
bien que ya roto, su enojado velo;

hiere, no sólo nubes, mas al suelo,   5
porque su brazo tema y imperio estime,
olas, no rayos, en su playa imprime.
Tiembla otro Deucalión su igual recelo.

Envidia -cuando, fuerte y espantosa,
la mar la rota nave ya presenta   10
ya al cielo, ya a la arena de su seno-

al rústico el piloto vida exenta.
Yo así en mis celos, libertad dichosa,
no cuando alegre, cuando en ellos peno.

Alto estoy, tanto que me niega el velo
pardo el suelo a mis ojos, por airado,
en mirar que por nubes le he trocado,
o porque niega, en fin, humano cielo.

Águila en vista fui, águila en vuelo,   5
mas como ajena salas he volado,
temo me falten: miro que han parado
en ejemplos, mis émulos, del suelo.

Desprecio, altivos, dieron a su suerte,
al tiempo, a la fortuna: si han caído,   10
sus manos dieron puerta al mal suyo.

Conozco mi verdad, merezco acierte.
¡Desdicha, si me humillas, habrá sido,
no por mi mal o culpa: por ser tuyo!

XXII. A la paciencia de sus celosas esperanzas

Ausente el claro sol, el cielo hermoso,
viudo, tristeza viste, viste celos
(pues, por pequeño que es, llega a los cielos
Amor niño, gigante poderoso);

de su querido ausente tan celoso   5
se muestra, ¡oh amor fuerte!, que sus velos
cubren ojos nacidos de recelos
del largo olvido del ausente esposo.

Triste, con ser ejemplo de mudanzas,
siente firme, cual cielo, no cual peña,   10
mientras abre a su bien la Aurora puerta.

Pues si a temer, amando, el cielo enseña,
¡tened paciencia, muertas esperanzas,
hasta que el Sol de Celia de su vuelta!

Confieso tu poder, ioh Amor!, rendido:
tu hierro en mí tal dice, y mi cuidado;
baste, ioh fuerte gigante!, haber poblado
brete que tantas veces han vestido.

Sufre tu planta un cuello que no ha sido   5
tantas veces, ioh fiero!, sujetado,
que merezca desprecio, desechado
ya por común, por vil, ya por fingido.

¿Qué me quieres, cruel? Entre unos ojos,
llamándolos mi bien, hallé mi muerte,   10
dichosa, por ser tú la causa de ella.

Deja la aljaba, afloja el arco fuerte,
que ella me niega sangre, y mis enojos
volverá, y tú podrás mejor vertella.

XXIV. Pidiéndole piedad de sus males al amor

Amor, déjame; Amor, queden perdidos
tantos días en ti, por ti gastados;
queden, queden suspiros empleados,
bienes, Amor, por tuyos, ya queridos.

Mis ojos ya los dejo consumidos,   5
y en sus lágrimas propias anegados;
mis sentidos, ioh Amor!, de ti usurpados,
queden por tus injurias más sentidos.

Deja que sólo el pecho, cual rendido,
desnudo salga de tu esquivo fuego;   10
perdido quede, Amor, ya lo perdido.

iMuévate (no podrá), cruel, mi ruego!
Mas yo sé que te hubiera enternecido,
si me vieras, Amor, imas eres ciego!

Desatad mi veneno convertido,
amargos ojos, en amargo llanto,
no por burlar mi mal, mas porque es tanto
que le niega lugar al que ha nacido.

¿Qué, tristes, receláis donde ha perdido   5
el alma al pecho? El pecho al alma espanto,
veneno os causa. ¿Fuego teméis tanto?
¡Dejad que corra tras quien causa ha sido!

De mis injurias y tu brazo escudo,
viste, ioh Fortuna!, el corazón deshecho,   10
un consuelo: mis penas inmortales.

Deshicísteme, en fin: tu brazo pudo;
y, en deshacerme, haces pueda el pecho
no temer más ni darle tú más males.

XXVI. A la planta de Celia en Guadalete

De tributos y mares olvidado
(que es natural en Guadalete olvido),
cuanto un tiempo corriente, detenido,
miró a Celia, de juncia coronado.

Y celoso de ver había estampado   5
la playa el pie pequeño, el atrevido
hurtósela, y confiesa haber corrido,
después del dulce robo, más salado.

Soberbio en su cristal y pensamientos,
olvidando sus márgenes, triunfante   10
estaba de la arena que bebía.

«Vámonos -dijo Celia-; de mi amante
nuevo conozco, ioh Fabio!, los intentos;
ino te lleve, iay Dios!, por prenda mía!».

Al alma, un tiempo, y al sentido estrecho
vi tu dueño, y se vio, retrato amado.
En él, triste, me he visto transformado,
en agua y fuego el corazón deshecho.

El sentido a buscar parte derecho   5
-celoso que eres de él- otro traslado,
y el verte en bronce y vello, ha confirmado
la sospecha del hurto de su pecho.

Reverenciéte, vencedor valiente.
Gigante al alma humilde el bronce bello   10
vistes, ioh dueño, de mis ojos gloria!

Milagros son del tiempo, pudo hacello.
Mas aunque él y tu ejemplo me amedrente,
edad será a sus alas mi memoria.

XXVIII. A la vista de Celia

Escuadrones de estrellas temerosas
desamparan el cielo, de corridas
en ver que sólo no han de ser vencidas
del sol, cual antes, o de frescas rosas.

Ya las ligeras horas presurosas   5
oro crecen al carro, y encendidas
perlas les da el Oriente más subidas
por afrentar a las de Celia hermosas.

Cual a su dueño el prado lisonjera
victoria ofrece y esperanzas vanas   10
en su color y en el laurel que cría.

Salió mi bello Oriente a sus ventanas:
parose el sol vencido en su carrera,
y fue más largo por mi Celia el día.

XXIX. A la virtud que alcanza lo dificultoso

Este cetro que ves, ¡oh pecho ardiente!,
por oro o majestad, de roble ha sido
piel; este imperio un tiempo lo ha vestido,
que apenas viste ya el dorado Oriente.

Roble o cero duro, aquesta gente   5
cargó el hombro, que ultraja, ya en bruñido
acero el claro sol recién nacido,
sombrero tosco la dorada frente.

Virtud, osar, valor, los ha encumbrado
a que beses su planta, blanca luna: 10
que fue de su virtud hija su suerte.

Hijos de un monte fueron, fue su cuna.
Mídete en ellos, pecho, pues te han dado
espejo en sí, y róbate a la muerte.

XXX. Al temor de un amor desengañado

    Aquí fue Troya, Amor; aquí, vencida,
es polvo aquella máquina espantable,
que si se esconde entre la hierba afable,
un tiempo fue en las nubes escondida.

    Aqueste, Janto, que en igual corrida
a sí se es puente su humildad tratable,
que su roja corriente, de intratable,
a mil ilustres pechos fue homicida.

    Ya humilde Troya, ya humillado Janto,
-que Troya fue mi amor, Janto mis ojos-
ni el pecho es fuego, ni sus ojos llanto.

    Sólo temen, discretos, mis enojos,
de aquesta Troya, ya humillada tanto,
otra Roma no vengue sus despojos.

Enmudeció el Amor la pluma y mano;
volvió el Amor a pluma y mano, lengua,
¡ay de mí!, quiere llore, por mi mengua,
agravios de sus manos con mi mano.

Tal Guadarrama, por su escarcha cano,   5
agravios del sol llora cuando mengua
sus nevados tesoros; tal, sin mengua
mis ojos trata Amor, Amor tirano.

Llorad, ojos, llorar, pues desatando
parte del mal, por quien estoy muriendo   10
irá en mi pecho su furor menguando.

En vano alivio con llorar pretendo,
si vuelve al pecho, por su mal, volando,
lo que de él sale, por su bien, corriendo.

XXXII. Al despedirse un amante

Esta cordera, que torno en abrojos
su corta juventud los gustos míos,
medio anegada de los hondos ríos,
ioh honor!, de tantas lágrimas y enojos,

ofrezco a tu deidad; estos despojos   5
-como ya de piedad, de miedo fríos,
de tu poder ejemplo y de mis bríos-
de hoy más ocupen peregrinos ojos.

Quede en tus aras la segur colgando,
cuyo afilado acero, ioh honor!, entiendo   10
la humilde sangre le ha dejado blando.

Mas no cures de mí, que si, venciendo
me fe, cumplí contigo, ioh honor!, dejando,
voy a cumplir con el amor muriendo.

¡Ten, no la pises, ten!: de losa fría,
de piedra, ¡oh caminante!, más que helada,
es centella en ardor, ya tan mudada
que es cera la que mármol ser solía.

Cenizas guarda aquí, que en solo un día   5
Amor robó, y en hora desdichada,
diestra quebró, cuanto sangrienta, airada,
lazo que olvido y tiempo no temía.

Envidiosa la Muerte y la Fortuna,
con uno y otro golpe procuraron   10
a su firmeza hallar flaqueza alguna.

Mas la Fortuna y Muerte se engañaron
si está donde no puede la Fortuna,
ni la Muerte y sus alas alcanzaron.

XXXIV. Al mediano remedio de su amor

«Bien que sagrado incienso, bien que puede
vencer ardiente víctima tu saña,
esta corriente que tus basas baña,
lloroso soy, que en calidad le excede.

Este tierno pesar tu reino herede,   5
por culpa, ioh tiempo!, contra ti tamaña:
baste, pues, ya mi mal me desengaña,
a que de él limpio y de su culpa quede».

Esto, tierno, lloré, y mi tierno acento
apenas alcanzó el divino oído,   10
cuando en brazos oí del manso viento:

«El poder restaurarte, ioh ya vencido
Fabio del tiempo, y de mi tiempo exento!,
será no perder más que lo perdido».

¿Caíste? Sí, si valeroso osaste.
Osaste, y cual osado en fin caíste;
si el cuerpo entre las nubes escondiste,
tu fama entre las nubes levantaste.

Nombre (¡oh terrible error!), mozo, dejaste   5
de que a estrella cruel obedeciste.
Lampecie gime tal, tal Febia triste,
una y otra a tu losa verde engaste.

Intentaste, ¡oh gran joven!, como osado;
seguiste al hado que te vio vencido;   10
caíste, mozo más que desdichado.

Y así, en mi mal gigante, te he excedido,
pues sin haber tus hechos heredado,
cual tú, menos tus llantos, he caído.

XXXVI. Epitafio a Pompeo el Magno

Lee, y tendrás exenta, ¡oh caminante!,
del abrazo del áncora esta orilla;
respeta entre su arena maravilla,
que lo es, en cuantas se preció el Levante.

Si bien miras, verás huesos delante,   5
no despojo fatal de alguna quilla,
que entre una y otra mal quemada astilla,
besa aquí el mar humilde, si arrogante.

Exenta fama del exento olvido
goza, por cuanto ciñes, blanca luna,   10
aquel Pompeo el Grande, aquel temido.

Faltaba a tantas palmas sólo una,
que fue saber vencer, siendo vencido,
-con victoria más noble- a su fortuna.

Ciegos doy (cual mi amor) tres varios nudos,
varios en el color: iay Dios, si fuesen
de tan alto valor! iay, si pudiesen
mostrar tus ojos de rigor desnudos!

Ciñe este altar tres veces y estos mudos   5
bultos tuyos, ioh Laura, si venciesen
en blandura esta cera, si quisiesen
arder cual arden estos troncos rudos!

Estas hierbas, que da el camino seno,
doy en aquestas llamas por despojos;   10
¿si vencerá veneno otro veneno?

Cual este polvo en agua, mis enojos
mueran; en vano por vencerlos peno,
que es mayor el hechizo que tus ojos.

XXXVIII. A la muerte de Lisi

Altivo intento, sí, pero debido,
vista amarga intentáis de humor vacía,
bien que copioso venza, noche fría,
tu sagrado silencio, su ruido.

Yace de sueño frío, ay, ya vencido   5
aquel divino peso al claro día.
¡Grande ausencia amenazas, prenda mía,
fábula de escarmiento al mundo has sido!

Id, tristes ojos, a la tumba amada,
ay, no sólo por Lisi lastimosa   10
solicite a dolor la piedra helada.

Sepan que osaste, ¡oh pena querellosa!,
en espacioso llanto desatada,
mostrar dos mares en tan breve losa.

XXXIX. Despídese de su musa Amor

Ya no compuesto hablar, ya no que aspire
a laurel docto o a sagrada musa;
mándalo, ioh Musa!, Amor, que en mí rehúsa
menos que el pecho su rigor suspire.

Ya va fuera de mí verso que admire 5
en pulido decir; mi llama excusa,
ioh, sagrados despojos de Medusa!
que en vuestras aguas este ardor respire.

Otro alentad en el licor dichoso,
que ya, ausente de voz, al mal presente, 10
desata el pecho un río caudaloso.

Adiós, pues trueca Amor por vuestra fuente,
(mirad cual cantaré) de mi lloroso
pecho, en su ausencia larga, la corriente.

XL. A la ausencia que consoló su esperanza

Quiso mi hermoso Sol y dueño hermoso,
honrar el alba con su Sol divino,
mostrose oscuro el sol en su camino,
y el mío, en sus tinieblas, receloso.

Vistió el cielo de ceño querelloso
el campo de sus ejes cristalino,
que no el temor de su beldad previno
como discreto, en fin, como envidioso.

Lloró su ausente el cielo, y yo, eclipsado,
di una mar también por mi divino ausente,
¡dichosa compañía a un desgraciado!

Dio a sus olas furor mi pena ardiente;
librose apenas mi esperanza a nado.
Esta verdad sabrá quien de amor siente.

Respeta, ¡oh presto pie!, la sacra losa.
La causa a tu aguardar (¡si la escuchares!)
estas letras dirán, que vuelven mares
mil ojos: ¡ten la planta presurosa!

Bien que leve, la tierra en que reposa
blandamente durmiendo en los altares
que ves (y es bien su eternidad repares)
envidia al tiempo y a la edad forzosa.

De la esquiva beldad, la docta frente
ceñida, amenazó su hermosa altura
desprecio a Homero y igualdad al cielo.

Viste ya de dolor la tierra dura.
Tal, Fama, llora; y puedes, que presente
su fama la mundo abraza en alto vuelo.

XLII. Excusando algún descuido de su amor

¿Cómo, oh querido bien, cómo, oh querido
dueño de alma y vida, en qué, arrojado,
el pecho os ofendió? ¿Cuándo ha entregado,
pues le olvidáis, el cuello a vuestro olvido?

Si yo no os miré, si os he ofendido,   5
Amor es ciego, Amor lo habrá causado.
¿Quién no tiene a bajeza haber probado
cuánto corta la espada en un rendido?

Me lo mandó el Amor; fue fuerza hacello,
y es mi rey el Amor, pudo mandarme;   10
culpa el mandarlo fue, culpa el querello.

Llorando moriré, pues el culparme
vos, le basta a mi llanto, ¡oh rostro bello!,
por vengaros a vos y por vengarme.

De esas rojas mejillas, envidioso,
más sangriento el rubí, de más corrido,
afrenta, que del hurto ha convencido
el nácar, Celia, de tu rostro hermoso.

El cristal desatado, de lloroso,
tu blanca frente aqueja, que ha podido
robar -lo dice él- de lo escondido
de sus senos espejo tan lustroso.

Más blanca de enojada, blanca nieve,
hurtos gime en tu cuello; de esos ojos
el sol se queja o pide su hermosura.

Mas no cesan aquí, no, tus enojos,
que, si esto negar puedes, que me debe
tu rostro un alma que robó, es locura.

XLIV. A un limón que le arrojó una dama desde un balcón

Fruto, por ser del cielo tan querido,
que ha sido, y es, de mí tan adorado;
fruto, por ser del cielo y desdichado,
al de mi pensamiento parecido;

icómo os adoro y quiero! ¿Habéis caído?   5
¿por qué?, decid, ¿por qué del adorado
Sol de mi Lisi, rayo, habéis bajado?
Si rayo no ¿a qué, estrella, habéis venido?

Si estrella sois, al que en desdichas muere,
¿para qué le buscáis? Si rayo fuerte,   10
¿en qué ofendí la luz del alma mía?

Mas, no, pecho, no ofendas tu fe y suerte,
que si de amor la estrella y dicha quiere,
verás en tus desdichas compañía.

Más blanda, no de amor, de arrepentida,
cual fue, si es blanda, siendo piedra helada,
gime Anaxarte, piedra cuando amada,
más que después en piedra convertida.

Viva le aborreció, y aborrecida   5
pena a su esquivo pecho reservada,
Dafne esquiva aconseja, castigada,
consejos que no oyó siendo querida.

Desconocidas Dafne y Anaxarte
en piedra y planta, me amenaza en vano   10
igual pena a las suyas en no amarte:

en vano, si eres de mi amor tirano,
y pienso ser retrato de Anaxarte,
si no en esquivo, en firme al tiempo vano.

XLVI. A Tisbe

Mira el amante pálido y rendido
a la inclemencia, Tisbe, de su hado,
el rostro en llanto por su amor bañado,
y él en su sangre por su amor teñido.

Hiriose con la espada que había sido
ministra de su mal y su cuidado;
el golpe no sintió, que era acabado,
con el morir su amante, su sentido.

Cayó; y buscó su sangre presurosa
la fría de su dueño, y ella, herida,
los brazos de su amante, querellosa.

Mostró su ser la Muerte en tal caída,
pues fue a juntar de un golpe. poderosa,
lo que el Amor no pudo en una vida.

Osado en fin te atreves, pensamiento,
ayer burla del mar, de él anegado,
viendo que, aun fiero del furor pasado,
debe la arena a su robado asiento.

Segunda vez, con atrevido intento, 5
la barca ofreces al licor salado;
aún destilas vestidos que has colgado,
pensamiento, ¡ay cuán otro pensamiento!

Aquellas tablas de tu rota nave,
con que el mar, aunque mudo, te habla tanto, 10
te den lo que él, pues te aconseja, sabe.

Mas si tan fuera estás, cruel, de espanto,
prevén escollo en que tu vida acabe,
mientras prevengo a tus obsequias llanto.

XLVIII. A la memoria de la muerte

Camino de la muerte, en hora breve
apresura la edad los gustos míos,
y mis llorosas luces en dos ríos,
lloran cuán tardos sus momentos mueve.

A tal exceso mi dolor se atreve,   5
rendido él mismo de sus mismos bríos:
iay, venga el tiempo en que sus hombros fríos
la común madre mis despojos lleve!

Crece a medida de la edad la pena,
con ella el gusto del funesto empleo   10
que mi grave dolor o suerte ordena.

Y tan ceñido al alma le poseo,
que mientras más la vida le enajena
siento crecer más fuerza a tal deseo.

¿Vosotras sois? segunda vez, dudoso,
tiemblo vuestro rigor y mi ventura:
apenas libre el pecho se asegura,
apenas libre Amor goza reposo.

¡Prisiones que os rompí! ¡Oh yo dichoso!   5
si en mi ventura cabe mi cordura,
¡gracias, oh santo tiempo, oh dios! procura
dicha, si puede ser, pecho animoso.

Esto libre canté cuando romperlas
el tiempo permitió, y Amor tirano   10
así me respondió, soberbio entre ellas:

«Huyes, ¡oh Fabio!, tu prisión en vano:
volverá Amor, que es poderoso, a hacerlas,
que Amor en fin es dios, y el tiempo humano».

L. A la mudanza del tiempo

Aún no exceder su madre el cuello exento
miré de aqueste chopo levantado;
sin brazos le vi y sombra, aún no buscado
por ella el caminante o el aliento.

En su niñez le vi; ya el blando viento   5
resuena entre sus galas abrazado;
galán está, mas de ellas despojado;
a Enero ha de sufrir rigor violento.

Más veces lo veré, si el alma dura
al desusado ardor que ciñe el pecho,   10
pues su muerte su exceso le asegura.

Esto veré: mas en mi ardor deshecho,
ausente de mi pecho tu hermosura,
no: tal milagro en mí tu rostro ha hecho.

Libros a la carta

A la carta es un servicio especializado para

empresas,

librerías,

bibliotecas,

editoriales

y centros de enseñanza;

y permite confeccionar libros que, por su formato y concepción, sirven a los propósitos más específicos de estas instituciones.

Las empresas nos encargan ediciones personalizadas para marketing editorial o para regalos institucionales. Y los interesados solicitan, a título personal, ediciones antiguas, o no disponibles en el mercado; y las acompañan con notas y comentarios críticos.

Las ediciones tienen como apoyo un libro de estilo con todo tipo de referencias sobre los criterios de tratamiento tipográfico aplicados a nuestros libros que puede ser consultado en Linkgua-ediciones.com.

Linkgua edita por encargo diferentes versiones de una misma obra con distintos tratamientos ortotipográficos (actualizaciones de carácter divulgativo de un clásico, o versiones estrictamente fieles a la edición original de referencia).

Este servicio de ediciones a la carta le permitirá, si usted se dedica a la enseñanza, tener una forma de hacer pública su interpretación de un texto y, sobre una versión digitalizada «base», usted podrá introducir interpretaciones del texto fuente. Es un tópico que los profesores denuncien en clase los desmanes de una edición, o vayan comentando errores de interpretación de un texto y esta es una solución útil a esa necesidad del mundo académico.

Asimismo publicamos de manera sistemática, en un mismo catálogo, tesis doctorales y actas de congresos académicos, que son distribuidas a través de nuestra Web.

El servicio de «libros a la carta» funciona de dos formas.

1. Tenemos un fondo de libros digitalizados que usted puede personalizar en tiradas de al menos cinco ejemplares. Estas personalizaciones pueden ser de todo tipo: añadir notas de clase para uso de un grupo de

estudiantes, introducir logos corporativos para uso con fines de marketing empresarial, etc. etc.

2. Buscamos libros descatalogados de otras editoriales y los reeditamos en tiradas cortas a petición de un cliente.

www.ingramcontent.com/pod-product-compliance
Lightning Source LLC
Chambersburg PA
CBHW021350160726
47994CB00007B/2898